MOVENDO MONTANHAS

Mensagens Consoladoras

EDITORA EME

Solicite nosso catálogo completo, com mais de 350 títulos, onde você encontra as melhores opções do bom livro espírita: literatura infantojuvenil, contos, obras biográficas e de autoajuda, mensagens espirituais, romances palpitantes, estudos doutrinários, obras básicas de Allan Kardec, e mais os esclarecedores cursos e estudos para aplicação no centro espírita - iniciação, mediunidade, reuniões mediúnicas, oratória, desobsessão, fluidos e passes.

E caso não encontre os nossos livros na livraria de sua preferência, solicite o endereço de nosso distribuidor mais próximo de você.

Edição e distribuição

EDITORA EME

Caixa Postal 1820 - CEP 13360-000 - Capivari - SP

Telefones: (19) 3491-7000 | 3491-5449

Vivo (19) 9 9983-2575 | Claro (19) 9 9317-2800

vendas@editoraeme.com.br - www.editoraeme.com.br

Lúcia Cominatto
Pelo espírito Irmã Maria do Rosário

Movendo Montanhas

Mensagens Consoladoras

Capivari-SP
- 2019 -

Os direitos autorais desta obra foram cedidos pela autora para a Editora EME, o que propicia a venda dos livros com preços mais acessíveis e a manutenção de campanhas com preços especiais a Clubes do Livro de todo o Brasil.

A Editora EME mantém o Centro Espírita "Mensagem de Esperança" e patrocina, junto com outras empresas, instituições de atendimento social de Capivari-SP.

1ª edição - maio/2019 - 3.000 exemplares

CAPA | André Stenico
PROJETO GRÁFICO E DIAGRAMAÇÃO | Marco Melo
REVISÃO | Letícia Rodrigues de Camargo

Ficha catalográfica

Rosário, Irmã Maria do (Espírito)
Movendo montanhas - Mensagens consoladoras / pelo espírito Irmã Maria do Rosário; [psicografado por] Lúcia Cominatto - 1ª ed. maio 2019 - Capivari, SP: Editora EME.
176 pág.

ISBN 978-85-9544-103-3

1. Psicografia. 2. Mensagens mediúnicas. 3. Consolo e esclarecimento. 4. Evangelho no Lar.
I. TÍTULO

CDD 133.9

SUMÁRIO

A LUZ VIVA DO AMOR

Aquele que permanece no amor,
permanece em Deus e Deus
permanece nele.
(I João, 4:16)

AMANHECE... ROMPENDO AS trevas da noite, o Sol desponta no horizonte, levando-te a refletir sobre tua vida, sobre o que tens feito e o que deixaste de fazer. Quando a luz viva do amor desponta na alma afastando os pensamentos sombrios, perceberás o quanto a vida é bela!

Quantas benesses Deus está a te proporcionar! Não só pela Natureza que se esplende em belezas mil, mas também por ti mesmo, como criatura humana que és. Em teu labor diário em busca de recursos que te proporcionem uma vida mais amena, que saibas agradecer ao Pai Maior pelo alimento que tens à mesa para, com mais saúde, poderes enfrentar os revezes da vida sem desespero ou revolta.

Mas, que saibas amparar aqueles irmãos desvalidos, com o mais puro sentimento de caridade, a fim de amenizar-lhes a fome ou a dor. Quantos permanecem de olhos cerrados, tal o estado de fraqueza em que se encontram ou com a boca ressequida a solicitar, pelo menos, um copo de água fresca para saciar-lhes a sede!

Se assim agires de ora em diante, mesmo enfrentando toda sorte de dificuldades, com a luz viva do amor na alma, não te esquecerás daqueles que nada têm, para que prossigam na luta diária com fé e esperança de que dias melhores haverão de surgir.

Nada na vida nos é dado de graça. Se desejas colher, primeiramente precisas plantar. Plantando amor, certamente, amor colherás.

E, ao final de cada dia, quando o Sol se põe, proporcionando-te um espetáculo de magnificente beleza, que saibas agradecer a Deus pela própria vida que tens, pelas oportunidades que Ele tem te proporcionado, pelos momentos difíceis que tenhas atravessado, pois sabes que são para o teu crescimento interior.

Pensando nisso e agindo com sentimentos de caridade perante os mais desvalidos, terás motivos suficientes para enfrentar o ano que transcorre, como verdadeiro irmão que és e que deverás ser, como todos, uns dos outros.

A RAZÃO DO SOFRIMENTO

Tudo sofre, tudo crê, tudo espera,
tudo suporta.
Paulo (1 Coríntios 13:7)

TODOS QUE RENASCEM neste mundo material, de uma forma ou de outra, sempre têm o seu quinhão de sofrimentos. Vivendo num mundo ainda de provas e expiações, a dor se faz necessária.

Mas, por que sofrer? – muitos poderão indagar.

Ninguém veio a este mundo para sofrer e sim, para ser feliz. O sofrimento não é obrigatório para ninguém, mas se passamos por algum sofrimento, é para adquirir algum aprendizado que ainda nos esteja faltando.

É verdade, que alguns sofrem muito mais que outros! Seria por injustiça de Deus?

Absolutamente, não! Deus é amor, é misericórdia suprema.

Deus é Pai e, como todo pai deseja o bem de Seus filhos. Um pai terreno, muitas vezes, deixa que seu filho sofra as consequências dos próprios erros, para não mais cometê-los, porque sabe que lhe servirão de lição. Assim acontece com Deus, que além de puro amor, é justiça suprema.

E, como Pai amantíssimo, deseja atrair todos os Seus filhos para si. Contudo, uns se aproximam mais depressa que outros, porque se esforçam e conseguem aprender as lições proporcionadas pela própria vida. Outros, porém, não entendendo, se desesperam ou se revoltam e, com isso, d'Ele se afastam, para retornarem, um dia, cabisbaixos, envergonhados e pedindo perdão, o que não os isenta de corrigirem o erro.

O sofrimento quando aceito com resignação e fé, parece doer tanto. Já a não aceitação e a revolta, tornam a vida insuportável.

Já é sabido que, quem não vai a Deus por amor, irá pela dor.

Portanto, sejamos humildes e procuremos aceitar todos os percalços da vida, não os encarando como castigos, mas, como oportunidades de evoluir espiritualmente, para desse Pai Celestial podermos nos aproximar um dia.

A VIDA ENSINA

Não se porta com indecência, não busca os seus interesses, não se irrita, não suspeita mal.
Paulo (1 Coríntios 13:5)

QUANDO O DESESPERO afeta o teu coração, pelos transtornos que te conturbam o viver, é necessário que busques na fé a serenidade que se faça necessária, a fim de que consigas perceber o que a vida queira te ensinar.

Não são pelas lágrimas vertidas, nem pela revolta constante que aprenderás as lições. Portanto, procura acalmar-te para que consigas analisar as situações que estejas atravessando e busques nos arcanos da memória, as atitudes que tomaste, a fim de que consigas chegar à compreensão dos erros que cometeste nesta ou, provavelmente, também em outras encarnações. Assim, com entendimento do que fizeste de errado, procura, agora, se possível consertá-los ou não mais cometê-los de ora em diante.

Modificando as tuas atitudes para que sempre sejam pautadas na caridade, conseguirás comportamentos diferentes nos teus relacionamentos com os irmãos de caminhada. E, não mais sofrerás as consequências das coisas erradas que estava fazendo, pois agora os teus propósitos são de melhoria interior.

Se ainda falhas tanto, como exigir que os outros não falhem? Se ainda não procuras esquecer o mal que tenhas recebido de alguém, como acreditar que ele não sofra com o que de ti recebeu?

A vida é uma caminhada de mão dupla e estás sempre a cruzar com os que, mesmo involuntariamente, venham a prejudicar-te, muitas vezes motivados pela ignorância. Do mesmo modo, apesar de tudo o que já aprendeste, poderás também estar a criar constrangimentos ou dores naqueles que te cruzam os passos.

De cada problema que surja, esforça-te por aprender alguma lição. De cada momento difícil, esforça-te por buscar atitudes diferentes, mas sempre direcionadas para o bem.

Observa o que fazes e o que dizes, para não vires a te arrepender, pois, em consequência, teus problemas poderão se agravar. A vida ensina, tu sabes disso e, o que não aprenderes por amor, aprenderás pela dor.

ACEITAÇÃO

Aquele que aceitou o seu testemunho, esse confirmou que Deus é verdadeiro.
João 3:33

O PRIMEIRO PASSO para que se consiga uma reforma íntima, é a aceitação do que a vida nos leva a passar. Sabemos o quanto é difícil aceitar uma grave enfermidade, uma perda material e, principalmente afetiva. Porém, com aceitação, tudo se transforma e fica mais suave para enfrentar.

A aceitação é um ato de sabedoria e de humildade. É uma força interior conquistada pela compreensão de que tudo o que nos acontece, tem uma razão de ser. Já, a não aceitação nos leva à revolta, por não nos considerarmos merecedores dessa ou daquela situação que a vida nos leva a atravessar.

Também, aceitar uma humilhação, uma calúnia ou uma traição, sabemos que não é fácil. Mas, entendamos que as pessoas são como são e dificilmente mudam. A única pessoa que podemos mudar, somos nós mesmos, o que não é fácil.

Ser resistente, brigar, revoltar-se, culpar alguém ou culpar-se, são reações emocionais carregadas de raiva. Raiva do outro, raiva de nós mesmos, raiva da vida. E, a raiva destrói, fere, desagrega qualquer bom relacionamento.

A aceitação é uma força interior que não é fácil conquistar, pois fomos condicionados pela própria vida a brigar, esbravejar, a lutar. Quando aceitamos, sentimos leveza de alma, o que nos leva a reconquistar a paz interior.

Aceitar, porém, não é desistir, não é conformismo por achar que não somos merecedores das bênçãos do Alto. Não..., não é isso! Aceitar é compreender que, se a vida se nos apresenta desse ou daquele modo, é porque assim deve ser. E, com isso, nos elevamos um pouco mais em nossa jornada evolutiva.

A nossa tendência natural é resistir, não aceitar, rebater tudo o que nos contraria e que nos gera sofrimento. A não aceitação de determinada situação, só nos mantém prisioneiros dela e tudo se torna mais difícil e sofrido. Já a aceitação, é um passo a mais que damos para que a nossa vida nos pareça mais suave, mais alegre, enfim, muito mais feliz!

ALMAS ENREGELADAS

Em verdade vos digo que quantas vezes fizestes a um destes irmãos mais pequeninos, a mim o fizestes.
Jesus (Mateus, 25:40)

NÃO ENREGELES TUA alma com a chegada do inverno. Preocupas-te com teus agasalhos e verificas se ainda se encontram em ordem, se não estão desgastados pelo uso ou fora de moda, se engordaste ou emagreceste e agora estão apertados ou largos demais.

Aqueles que não mais te servem, seja por este ou aquele motivo, não os esqueças abandonados num canto do armário, e procura outros usos para eles, doando-os para aqueles irmãos mais infelizes que nada possuem para se agasalhar.

O que não te serve mais, para alguém servirá. O que pode te parecer um lixo, para outros será uma preciosidade.

Se o frio se faz mais intenso, logo procuras descer do alto dos armários as mantas, os cobertores ou os edredons para estendê-los sobre as camas no teu lar, enquanto muitos nem mesmo um lar possuem e, vivendo pelas ruas, só têm para agasalhá-los uma cobertura de algum viaduto ou um pedaço de papelão retirado do lixo.

Almas enregeladas existem por toda parte, sem que voltem um olhar sequer para os que mendigam um pedaço de pão ou um prato de sopa, mesmo fria, enquanto outros têm sobre a mesa farta, vários alimentos quentinhos e apetitosos para aquecer-lhes o corpo e satisfazer-lhes a gula.

Se vives com fartura enquanto muitos se encontram na miséria extrema, não será por injustiça ou castigo de Deus, porque Deus é Amor, como afirmou o apóstolo João. Certamente, estão colhendo o que plantaram num passado em que o egoísmo falava mais alto dentro de si e não souberam fazer bom uso da fortuna ou das facilidades que lhes foram proporcionadas por Deus.

Que essas almas enregeladas que só se preocupam com o próprio bem-estar, pensem um pouco mais naqueles outros irmãos que nada possuem para viver com um mínimo de conforto e de dignidade, dando o melhor de si e do que detêm como empréstimo de Deus, para minorar a situação deplorável e degradante desses irmãos, para que, um dia, a própria situação não venha a se tornar mais difícil ou, até mesmo se inverter, dependendo das atitudes hoje tomadas.

Não enregeles tua alma, lembrando-te sempre de que todo aquele que algo fizer em benefício dos que tanto sofrem, a Jesus estará fazendo.

ANÁLISE

Sede vós logo perfeitos, como também vosso Pai celestial é perfeito.
Jesus (Mateus, 5:44 - 48)

NO TURBILHÃO DAS lutas terrenas surge um momento em que é preciso parar para pensar. Parar a fim de fazer uma análise profunda dos próprios sentimentos.

Análise de tudo aquilo que possas ter feito para a tua evolução. De tudo o que tenhas realizado de bom na ajuda ao próximo, no auxílio que ofertaste aos irmãos sedentos de afeto, de paz e de luz.

Analisa-te interiormente e verifica tudo o que tens feito no campo do bem, tudo o que tens sido nesta romagem terrena. Analisa-te e saberás se tens agido em função do bem ou do mal.

Abençoada seja a paz que puderes construir!

Abençoada seja a mão que conseguires estender!

Abençoada seja a tua proposta concreta de servir por amor!

Busca dentro de ti o reconhecimento das próprias imperfeições, com meta à tua evolução. Esforça-te por corrigir aqueles sentimentos impuros em que ainda te comprazes. Procura vencê-los e transformá-los em sentimentos mais puros e nobres em que, acima de tudo, possa brilhar a luz eterna do verdadeiro amor.

Feita essa análise, se chegaste à conclusão de que estás percorrendo os caminhos certos, haverás de sentir-te em paz contigo mesmo.

ÁUREOS TEMPOS

Busque a paz e siga-a.
Pedro (I Pedro, 3:11)

REMEMORA UM PASSADO que já se foi, em que a inocência de criança permitiu que esquecesses os erros e maldades praticados em encarnações anteriores, para reiniciares a tua vida corrigindo e transformando o mal que praticaste, em renovação para o bem.

A vida é um constante ir e vir para que, em cada encarnação, consigas evoluir um pouco mais.

Agora, examinando o teu presente, verificas que ainda não conseguiste te libertar inteiramente das tuas imperfeições. Embora, reconhecendo que ainda muito te falta a aprender, percebes que já não praticas tanta maldade e, atitudes diferentes já consegues tomar ao caminhar pela vida. Já te desvias das rotas perigosas em que antes te embrenhavas e que muito te levavam a sofrer.

Hoje, já caminhas com os pés no chão, sabendo que deverás sempre prosseguir por esse caminho que, um dia, te levará a alcançar a luz que já visualizas à tua frente, como um chamamento para que alcances uma aproximação maior com Jesus.

Nos tempos áureos da tua vida, na tua inocência de criança e já caminhando para a juventude, foste vítima das maldades alheias e recebeste algumas tentações, para que te desviasses dos caminhos retos a seguir. Mas, instintivamente, percebeste que não eram esses, os caminhos que deverias seguir.

Hoje, ao recordar esses tempos que já se fazem um tanto distantes, reconheces que agiste certo, porque não era por esses caminhos que deverias seguir. Um anjo que sempre esteve ao teu lado, permitiu que sofresses essas tentações, para que pudesses reconhecer que algumas lições conseguiste aprender.

Continua, pois, nesses caminhos de luz que agora percorres, fazendo o bem que puderes realizar e, no teu caminhar da vida presente, se assim prosseguires, seja nesta ou nas próximas encarnações, um dia, também serás um anjo a orientar e amparar aqueles que ainda se desviam dos caminhos retos que deverão seguir.

AVANÇAR SEMPRE!

Deixemos todo impedimento e pecado que tão de perto nos rodeiam e corramos com perseverança a carreira que nos está proposta.
Paulo (Hebreus, 12:1)

VIAJORES DA VIDA todos somos, estejamos encarnados ou desencarnados.

Todos nós navegamos na vida, quais marujos levando seu barco em alto mar, com cuidado e destreza diante das ondas bravias que surjam, para não virmos a naufragar.

Assim é o nosso caminhar quando estamos neste mundo material. Surjam as intempéries, surjam os vendavais, surjam os dias de Sol ou os dias de chuva. O caminhar deve prosseguir, com coragem e determinação, para avançar sempre mais e mais, até alcançarmos a vitória sobre nós mesmos.

Não importam as dificuldades, nem os obstáculos que surjam, o que importa é a meta a ser atingida. Embora a luta possa ser árdua, a alegria da conquista recompensará todo esforço empreendido.

É assim, que devemos procurar agir, sem desânimo ou revolta, mas sempre com muita determinação, com vontade de crescer interiormente para de Jesus podermos nos aproximar.

Mesmo que a vida nos traga imensos obstáculos a serem vencidos, não desanimemos jamais, até atingirmos a meta que desejamos alcançar, ou seja, a nossa evolução espiritual.

BARCO À DERIVA

Esquecendo-me do que fica para trás, e avançando para as que estão adiante de mim, prossigo para a meta.
Paulo (Filipenses, 3:13)

QUANDO O BARCO fica à deriva, ao sabor das ondas do mar, corre o risco de soçobrar.

Assim é a vida que segue sem rumo definido; entregando-se aos prazeres da vida, sem um propósito sério a seguir ou meta a cumprir de crescimento interior, acaba por fracassar.

Todas as pessoas que nascem neste mundo material, vêm com um planejamento definido a ser cumprido para a própria evolução. Planejamento esse para evitar os desvarios anteriormente cometidos, para que não venham, novamente, perder uma nova encarnação.

Esforça-te, assim, por desviar-te das tentações do mundo que, como um canto das sereias da vida, levam-te a uma nova derrota sobre ti mesmo.

Não sejas como aquele barco à deriva que se perdeu pelos mares da vida. Caminha em terra firme, com perseverança e coragem, sabendo enfrentar as agruras da tua existência, com serenidade, não te entregando ao desespero quando as coisas não acontecerem como gostarias que acontecessem, porém, entendendo serem necessárias ao teu crescimento interior.

Reflete sobre as tuas atitudes e, buscando o amparo do Alto, vai em frente naquilo que buscas alcançar, sem desespero ou revolta, mas consciente das tuas responsabilidades perante Deus e o próximo.

Jesus confia em ti; não o decepciones, faze o que ele espera que faças, a fim de, um dia, conseguires dele te aproximar. E, não mais serás um barco à deriva, se tiveres a mão firme no timão das responsabilidades e outros deveres terrenos ou espirituais, que a ti compete realizar.

CAMINHEMOS JUNTOS

Porque nenhum de nós vive para si...
Paulo (Romanos, 14:7)

CAMINHEMOS JUNTOS NA programação que fizemos antes de reencarnarmos neste mundo material. Para tanto, precisamos cumprir o que prometemos a nós mesmos, para podermos construir aquilo que planejamos para a presente encarnação.

Amemo-nos uns aos outros e abençoemos tudo o que a vida nos levar a passar.

Vencendo as nossas imperfeições, conseguiremos superar algumas dificuldades e problemas que viermos a enfrentar.

Se desejamos sair vitoriosos nesta jornada

que escolhemos transitar, por que desistir agora? Vamos em frente, abençoando cada obstáculo encontrado, mas que nos farão crescer.

Juntos continuemos, até mesmo nos momentos mais difíceis ou dolorosos, amando-nos e amparando-nos mutuamente, apesar de tudo que venha a nos acontecer.

A caminhada pode ser longa, mas se nos dermos as mãos, o trajeto nos parecerá mais suave e curto.

E, um dia, vencendo a jornada, conquistaremos a felicidade que tanto desejamos alcançar e, juntos, prosseguiremos evoluindo sempre mais e mais, na medida em que soubermos transformar as dores em doações de amor àqueles que necessitem de um braço amigo para poderem prosseguir no próprio caminho, quando se sentirem sós.

COM AMOR

Vós sereis meus amigos se fizerdes o que vos mando.
Jesus (João, 15:14)

COM AMOR, AMPARARÁS os caídos da vida.

Com amor, socorrerás os enfermos.

Com amor, terás sempre uma palavra de consolo para dizer aos aflitos.

Com amor, não deixarás de alimentar os famintos, nem de agasalhar os nus.

Com amor, saberás levar a palavra de esperança aos desiludidos da vida, incentivando-os à luta por uma renovação interior.

Com amor, não te negarás a estender a tua mão, o teu verbo e o teu coração para auxiliar os carentes de afeto que vivem na solidão.

Com amor, terás "olhos de ver" e "ouvidos de ouvir" onde a dor faça morada.

Com amor, conseguirás mudar o rumo daqueles que transitam na vida pelos caminhos do mal.

Com amor, servirás em nome de Jesus, fazendo pelo teu próximo o que ele te manda fazer.

É amando com desprendimento, realizando atos de verdadeira caridade, que merecerás estar, um dia, mesmo que ainda se faça distante, entre os "amigos" do Senhor.

CONSERVA-TE EM PAZ

Disse-lhes, pois, Jesus outra vez: paz seja convosco.
(João, 20:21)

PERANTE AS AGRURAS da vida que enfrentas, conserva-te em paz. Mesmo diante das incompreensões alheias para contigo, conserva-te em paz.

Se souberes não revidar as agressões recebidas, procurando permanecer em paz contigo mesmo, méritos acrescentarás à tua vida perante a grandiosidade de Deus, nosso Pai.

Embora o mundo à tua volta esteja em alvoroço, se te conservares em paz, um passo a mais estarás dando na tua jornada de evolução espiritual.

Manter a serenidade diante das situações

conflitantes que estejas atravessando, revela o quanto já conseguiste evoluir. Porém, nem todos conseguem agir assim. Há, também, aqueles que só complicam as situações agressivas que estejam percebendo, introduzindo-se, não para apaziguar os corações, mas para revidar em nome de outros, aumentando a violência física ou verbal.

Conservando-te em paz, atrairás a presença de amigos espirituais que auxiliarão para que a contenda tenha fim e evitar que o ódio permaneça nos corações.

Conservar a paz em meio às atribulações da vida, nem sempre é fácil. Mas, se elevares o teu pensamento numa prece silenciosa, conseguirás penetrar, mesmo superficialmente, na paz do divino mestre Jesus, o que será de grande valia para que as soluções apareçam.

Enquanto muitos gritam ou esperneiam e outros perdem o controle emocional, a ponto de cometerem atos insanos, sê aquele que exemplifica o que tenha aprendido em termos de moral cristã, conservando o coração em paz, a fim de poder restaurar os ânimos conturbados para que à paz consigam retornar.

DÚVIDAS E CERTEZAS

Entende o que eu digo e o Senhor te dará compreensão de todas as coisas.
Paulo (Timóteo, 2:7)

SE PERMITIRES QUE a dúvida se insira em tua mente, basta erguer os teus olhos para o Alto e verás na beleza de um céu estrelado a grandiosidade do Criador, que proporciona a todos nós, seres humanos, um espetáculo de magnificente beleza.

Quem teria grandiosidade suficiente para construir o Universo, senão Deus?

Se a dúvida levar-te a desacreditar desse Criador, basta estender o teu olhar para as maravilhas na natureza, que te sentirás pequenino diante da grandiosidade e da sabedoria de Deus.

Se vasculhares as profundezas dos oceanos e mares, encontrarás seres surpreendentemente belos e não mais terás dúvidas a respeito da magnificência de Deus.

Se vieres a dessecar e estudar as minúcias do corpo humano, terás a certeza de que somente uma Inteligência Suprema seria capaz de criar obra, assim, tão perfeita.

Se verificares tudo o que a vida oferece em perfeição e beleza para poderes usufruir de uma vida melhor, compreenderás que nenhum ser humano teria tal inteligência para alcançar a Magnificência de Deus.

Entretanto, se a vida à tua volta se apresentar feia e deprimente, compreenderás a bondade de Deus que, através da dor, proporciona ao homem oportunidades de um crescimento interior, através das lições que lhe permitirão aprender sempre mais e mais.

Assim, vencendo degrau por degrau, mesmo que lhe custe retornar em muitas outras encarnações, o ser humano conseguirá evoluir.

A certeza de um futuro melhor lhe permitirá

a tudo aceitar com resignação e fé no amor supremo de Deus.

Afasta, pois, de ti quaisquer dúvidas a respeito da justiça Divina, pela certeza absoluta da existência de Deus, Nosso Pai Maior e Criador da Vida de todo o Universo.

É PRECISO ESQUECER

Bem-aventurado o homem que sofre a tentação; porque, quando for provado, receberá a coroa da vida, a qual o Senhor tem prometido aos que O amam.
Tiago 1:12

QUANDO AS LEMBRANÇAS amargas nos obliteram a mente, impedindo-nos de raciocinar ou de recordar os momentos felizes, é preciso esquecer, para não nos torturarmos sem necessidade.

Ficar a todo instante rememorando fatos dolorosos pelos quais tenhamos passado, só nos farão sofrer.

É preciso esquecer tudo o que nos tenha ferido o coração, para podermos dar espaço para as coisas belas e agradáveis da vida, pois serão estas que nos trarão alegria de viver.

Ocupar a mente com coisas de somenos importância, não nos trazem nada de bom e as situações desagradáveis pelas quais passamos, fazem parte daquelas que deverão ser esquecidas e não ficar guardadas num cantinho da mente para, de vez em quando, serem relembradas.

Se desejamos ser felizes, construamos essa felicidade apagando quaisquer lembranças amargas que tenhamos conservado dentro de nós.

Muitos, porém, talvez digam que não é fácil esquecer; porém, posso afirmar que se é difícil, não é impossível. Basta um pouco de força interior e muita vontade de ser feliz!

EM CONSTANTE RENOVAÇÃO

Transformai-vos pela renovação de vossa mente.
Paulo (Romanos, 12:2)

RENOVAR É A palavra de ordem quando desejamos buscar uma forma melhor de viver.

Renovar para o bem, despojando-nos de tudo de errado que estejamos fazendo, comportamentos que nos degradam perante os olhos alheios, sentimentos endurecidos, substituindo-os pela bondade e pela compreensão, perceberemos em nós mesmos os efeitos dessa renovação.

Renovar sempre, quando percebemos que a nossa vida não nos permite um crescimento interior. Apegamo-nos a atos nem sempre louváveis, acreditando que são edificantes, quando, na realidade, retardam a nossa evolução.

Do mesmo modo que o dia se renova, proporcionando-nos situações diferentes, seja no trabalho ou na vivência dentro do lar, as estações do ano nos permitem usufruir de certos prazeres, seja pela beleza com que a natureza se engalana trazendo encantamento aos nossos olhos ou nos dando oportunidade de viver momentos agradáveis que nos trazem satisfação e encanto de viver.

Assim, também, renovemo-nos pelo modo de agir perante aqueles que nos cercam, o que nos trará novas e melhores formas de viver e satisfação para conosco mesmo, pela certeza de estarmos agindo certo. Nada nos fará chegar ao arrependimento por não termos aproveitado o tempo que Deus nos concedeu nesta jornada evolutiva.

Aquele que não busca renovar-se, permanecendo sempre no seu modo de encarar a vida, por não compreender as oportunidades que Deus nos tem proporcionado através das diversas encarnações que temos vivido, muito distante estará da aproximação da felicidade que tanto almeja encontrar.

Renovação sempre é que traz progresso. Renovação no modo de agir e de sentir. Ficando estacionado no tempo e no espaço, perde-se inúmeras chances de vencer a si mesmo a fim de elevar-se em direção à Luz Maior.

ESPERANÇA E FÉ

E assim, esperando com paciência,
alcançou a promessa.
Paulo (I Hebreus, 6:15)

QUANDO O DESÂNIMO toma conta do teu ser, por conta das oportunidades perdidas, não percas a esperança.

Se te esforçares com afinco e tiveres fé, certamente voltarás a ter esperança de que novas e melhores oportunidades haverão de surgir.

A esperança aliada à fé dar-te-á a certeza de que, um dia, alcançarás o que tanto desejas obter para garantir um futuro melhor e, não mais enxergarás tudo negro à tua volta.

Renova-te para o bem e procura ver a vida com olhos de amor, lembrando-te de que Deus é Pai e, não haverá de desamparar aquele filho que n'Ele crê e confia no Seu amor.

Mas, se te enclausurares no egoísmo, desejando que a vida conspire tão somente ao teu favor, certamente a decepção voltará a evolver o teu coração e a tua mente negará, em lugar de acreditar.

Se tiveres amor e bons propósitos de melhoria interior, a luz da esperança que surge, haverá de guiar os teus passos no rumo a ser percorrido, até que consigas atingir os teus objetivos.

Lembra-te, porém, de doar o melhor de ti em favor daqueles que sofrem, e a vida haverá de te recompensar com as mais belas e nobres esperanças, a fim de envolver o teu coração de paz.

FRIO NA ALMA

Vinde a mim todos os que andais em
sofrimento e eu vos aliviarei.
Jesus (Mateus, 11:22)

QUANDO A VIDA se te apresenta sem perspectivas e vejas os teus sonhos não se realizarem, não sintas tua alma como se, nela, o inverno houvesse chegado.

Aguarda, com paciência e coragem, que dias mais amenos haverão de surgir, se te dispuseres a agir perante o próximo, com sentimentos de caridade.

Aquece-te interiormente com o calor do afeto, a fim de envolver aqueles que contigo convivem ou venham a cruzar os teus passos, com amor e carinho. Se te enregelares por dentro, não haverá agasalho que te esquente.

Cultivando sentimentos puros e elevados, dentro daquilo que tens aprendido em termos de moral cristã, não mais haverás de sentir tua alma tão fria, a ponto de nada enxergar além da angústia que sentes.

Olha à tua volta e verás a miséria presente por toda parte e, se te dispuseres a ofertar algo de que necessitem para aquecer-lhes o corpo ou a alma, sentirás uma onda de calor a envolver-te, pela satisfação interior de teres auxiliado alguém.

É cultivando sentimentos de amor ao próximo e libertando-te das garras do egoísmo que ainda te aprisionem, que te sentirás aquecido pelo amor com que Jesus haverá de te envolver.

Mas, é dentro do próprio lar, principalmente, que deverás exemplificar as lições que tens aprendido, com gestos e atitudes de amor, para que sintas tua alma sempre aquecida, mesmo diante do inverno mais rigoroso que estiveres enfrentando.

LIÇÕES DA NATUREZA

E nós conhecemos, e cremos no amor que Deus nos tem. Deus é amor; e quem está em amor está em Deus, e Deus nele.
1 João 4:16

DIANTE DA NATUREZA que se esplende em beleza, podemos tirar muitas lições que nos auxiliem em nosso crescimento interior.

Diante das árvores que, mesmo sofrendo a ação das intempéries, nos oferecem flores e frutos que saciem as nossas necessidades orgânicas, reconheçamos a bondade de Deus.

Diante das flores que enchem o ar de perfume e alegram a nossa vida, tiremos o exemplo de delicadeza, levando-nos à compreensão do quanto a vida é bela.

Diante das águas que formam os rios e os mares, enxerguemos a mão de Deus a agir em nossa vida, proporcionando-nos condições de viver.

Diante da terra onde pisamos ou lavramos, compreendamos a sua utilidade ao produzir os alimentos de que necessitamos para podermos nos manter vivos e saudáveis.

Diante do fogo que nos permite ter alimentos saborosos, agradeçamos por conseguirmos satisfazer o nosso apetite e termos forças para poder trabalhar.

Diante do ar que respiramos, enchendo os nossos pulmões para conseguirmos prosseguir vivendo, que saibamos agradecer a Deus pela vida que nos proporcionou.

Enfim, diante de tudo que a natureza nos proporciona, enxerguemos a bondade de Deus para que vivamos com alegria, esforçando-nos por compreender que as dificuldades que surjam em nossos caminhos evolutivos, devem ser encaradas como necessidades para podermos d'Ele nos aproximar.

MAIS UM ANO

Também nos gloriamos nas tribulações.
Paulo (Romanos, 5:3)

MUITA ESPERANÇA PARA mais um ano que mal se iniciou. E, ao mesmo tempo, muita preocupação. Assim, indagamos de nós mesmos: o que a vida nos aguarda para esse novo ano?

Serão tempos felizes ou os mesmos dissabores? Quais alegrias nos esperam ou quais acontecimentos desagradáveis teremos de enfrentar?

Haja o que houver, não percamos a serenidade e o otimismo. Mesmo que lágrimas de dor brotem dos nossos olhos, procuremos encarar o que estivermos passando, com aceitação e coragem.

Não nos revoltemos se não conseguirmos obter o que desejamos para nós, porque cada problema ou dificuldade, cada decepção ou amargura que encontrarmos em nossos caminhos evolutivos, foram postados por nós mesmos pelos maus atos que tenhamos praticado. Procuremos encará-los como lições que precisamos aprender.

Sendo assim, procuremos desde já, corrigir as nossas atitudes perante a vida que nos aguarda, fazendo hoje, o melhor que pudermos fazer em função da nossa evolução espiritual.

Que saibamos amar a todos com quem convivemos e perdoar os que porventura nos agridam com palavras ferinas ou com atitudes que nos causem amargor no coração.

Só assim, faremos com que esse novo ano seja, realmente, um ano feliz para nós e todos aqueles que constituem o nosso meio familiar.

E que, ao final do ano, saibamos agradecer por tudo o que tenhamos atravessado no percorrer dos dias, semanas e meses, por sabermos que foram para o nosso bem.

MENSAGEM DE ESPERANÇA

Vinde a mim todos os que vos achais sobrecarregados e eu vos aliviarei.
Jesus (Mateus, 11:28)

QUANDO A DESILUSÃO permeia entre os acontecimentos dolorosos e revoltantes que surgem pelo mundo afora...

Quando a revolta cresce entre as populações que sofrem ante as injustiças constantes de que sejam vítimas...

Quando a desesperança surge intensa nos corações que sofrem o descaso daqueles que deveriam ampará-los...

Quando a angústia toma conta da própria alma, levando muitos a sentirem até vontade de morrer...

E quando nada mais esperam para prosseguir vivendo com dignidade, a solução é orar, para que a esperança, até então fugidia, possa retornar aos corações.

Através da prece sincera, acrescida de fé, o pensamento atinge alturas celestiais e, os bons espíritos vêm em auxílio daqueles que buscam, pelo menos, por uma gota de esperança.

Confiando na Justiça Divina e entregando a Deus suas angústias, sem revolta, acabarão por compreender que a aceitação serena, é o melhor caminho para que a paz retorne aos corações, e a esperança por uma vida melhor possa ressurgir nas mentes até então, aflitas e revoltadas.

Esperança do que tanto se deseja obter, a fim de que se consiga viver melhor, é a virtude que deve ser cultivada, mesmo em meio das maiores atribulações que se venha a atravessar.

Esperança hoje, esperança amanhã, esperança sempre de que, um dia, tudo possa melhorar!

NA AURORA DA VIDA

Amados, amemo-nos uns aos outros;
porque o amor é de Deus; e qualquer que
ama é nascido de Deus e conhece a Deus.
1 João 4:7

MAL A ENCARNAÇÃO se inicia com a vida palpitando num corpinho frágil, o espírito que se prepara para uma nova vivência na carne tem apagadas da memória as lembranças amargas de um passado sofrido.

É na aurora da vida que o ser humano desperta para um novo aprendizado, como necessidade evolutiva, mas que nem sempre se mostra de maneira clara, com a compreensão dos erros cometidos num passado que se foi, para que os possa corrigir.

Não queiras tu, porém, que já tiveste essa oportunidade que te foi proporcionada, relegar ao abandono as propostas que fizeste de melhoria interior.

O passado se esvaiu, o futuro ainda se faz distante e o presente surge como a oportunidade que pediste para consertar o que de errado fizeste, embora conscientemente, não te lembres das promessas feitas.

O apagar das lembranças se faz necessário para que o coração não se turbe pelo remorso, e a esperança de uma vida melhor seja um incentivo a prosseguir, sem desanimar.

Novas conquistas serão um impulso a mais, novos aprendizados enriquecerão tua alma, novas atitudes tomadas de compreensão, paciência e humildade te engrandecerão perante Deus, o Criador.

Prossegue, pois, consciente dos teus deveres de amor e caridade para que consigas sair vitorioso ao final da tua caminhada, que te levará à conquista de uma vida futura mais feliz.

Da aurora da vida ao crepúsculo de uma caminhada plena de nobres realizações, estarás acrescentando à tua alma as benesses celestiais que tanto almejas receber.

NA LUZ DA MISERICÓRDIA

Bem-aventurados os misericordiosos,
porque eles alcançarão misericórdia!
Jesus (Mateus, 5:7)

NA LUZ DA misericórdia programa tua vida para que consigas prosseguir nas tuas lutas terrenas, tentando seguir as pegadas do divino mestre Jesus.

É agindo sempre com sentimentos da mais pura caridade para com teus irmãos de caminhada, que conquistarás a felicidade que tanto buscas, pela certeza de que nenhum mal praticarás.

Sê misericordioso sempre, estendendo o teu coração em auxílio àqueles que passam por situações tão dolorosas que nem consigas imaginar!

É através do perdão incondicional e do reconhecimento de que as imperfeições e falhas alheias são frutos da ignorância, que conseguirás despertar em ti a virtude da misericórdia, que te permitirás ser agraciado com as bênçãos de Deus, que te levarão a sentir-te mais feliz, mesmo em meio às intempéries da vida.

Reconhecendo os próprios erros e imperfeições, das quais ainda não conseguiste te libertar, que serás mais indulgente e tolerante perante os erros que perceberes na vida dos teus irmãos.

Não te creias, portanto, merecedor das benesses celestiais, tão somente por teres agido esporadicamente na ajuda a alguém que percebeste se encontrar em situações constrangedoras ou deprimentes, ao julgar-te melhor e mais capacitado que o outro.

Aquele que, realmente é misericordioso, jamais condenará alguém, colocando-se em posição superior ou ridicularizando-o por considerá-lo incapacitado de agir por si próprio.

A misericórdia plena não se desliga do amor, da piedade, da tolerância e do perdão. Deixa, portanto, que a luz da misericórdia brilhe espontaneamente da tua alma, envolvendo a todos que de ti se aproximarem, carentes de uma palavra consoladora de esperança e de fé.

NÃO TE DESESPERES!

E não vos conformeis com este mundo, mas transformai-vos, pela renovação da vossa mente.
Paulo (Romanos, 12:2)

QUANDO NADA DÁ certo em tua vida, não te desesperes! Continua lutando e te esforçando para que as coisas deem certo. Confia mais na proteção divina, pois aquilo que te parece difícil é, justamente, o de que precisas para que te esforces e consigas vencer as tuas inibições.

Levanta-te a cada dia com disposição e coragem, abraça os teus deveres para contigo mesmo, olha a natureza que surge bela à tua volta, respira fundo e enfrenta com coragem as tuas lutas, na certeza de que não estarás desamparado por Deus.

São tantos os caminhos que nos levam a agir na vida, mas é importante escolher os caminhos certos, aqueles que nos conduzem a Deus: o do amor e da caridade.

Recorda as vezes que em nada acreditavas, mas olhaste para o Alto e percebeste que, de uma forma ou de outra, conseguiste superar as tuas dificuldades. Quem teria te ajudado, senão Deus, através dos Seus mensageiros?

Os bons espíritos estão sempre a te ajudar, mas às vezes, não percebes essa ajuda, por buscar caminhos que não são aqueles pelos quais deverias seguir. Portanto, antes que tomes uma decisão errada, busca na prece fervorosa a inspiração necessária para poderes agir com mais acerto.

Portanto, não te desesperes e aguarda com paciência que, um dia, o que te parece difícil de alcançar, virá ao teu encontro para tornar-te feliz contigo mesmo. Antes de te desesperar, confia mais em Deus e nas tuas próprias forças, que poderão estar amparadas para que não tombes pela dor, diante deste ou daquele fracasso. Só assim, vencerás!

NATAL

E deu à luz o seu filho primogênito, e o enfaixou e reclinou numa manjedoura.
(Lucas, 2:7)

EIS QUE O Natal se aproxima! Já pensaste em comemorar condignamente o Natal? Já providenciaste as carnes e outros alimentos a serem servidos? Já convidaste aqueles com quem desejas compartilhar a tua ceia? Já compraste os presentes a quem desejas agradar? E os enfeites, já trouxeram ao teu lar um aspecto de que o Natal chegou?

Se nada esqueceste para que o teu Natal se torne inesquecível para os que dele participarem, acreditas estar pronto para comemorá-lo. Entretanto, já te lembraste de que o aniversariante é Jesus? É a ele a principal homenagem que deverás prestar. É dele o principal lugar, não à mesa, mas no coração de cada um, especialmente no teu. O que ele deseja é que não te esqueças de orar, agradecendo ao Pai Maior pela bênção da vida.

Aquele que traz Jesus no coração e procura vivenciar os ensinamentos por ele deixados, jamais se esquece de levar um pouco de esperança aos enfermos e a todos os que passam por difíceis provações.

É preciso, também, não esquecer de distribuir um pouco do que tem, para amenizar o desespero daqueles que, vivendo na miséria, nada possuem para comemorar o Natal, a não ser as próprias lágrimas pela dor que lhes vergasta a alma, enquanto muitos se confraternizam nesse dia, que deveria ser, por todos irmanados num só sentimento de paz e de amor.

Ciente desses deveres, procura transformar essa data festiva numa gratificante alegria, pela certeza de que Jesus te ama e que, certamente, estará feliz.

NO EXTREMO DA AFLIÇÃO

Busque a paz e siga-a.
(I Pedro, 3:11)

NEM SEMPRE CONSEGUES caminhar sobre pétalas de rosas, pois és um ser humano como outro qualquer. Nem sempre consegues suportar os espinhos que te ferem, não apenas pela incompreensão alheia para contigo, mas, igualmente, pela própria vida que, às vezes, te leva ao extremo da aflição.

Há momentos em que os problemas se agravam de tal forma, que não encontras tempo, nem mesmo para tentar adormecer. As preocupações são tantas, que te sentes insone, sem condições de cerrar os olhos e desligar-te de tudo que te aflige.

São inúmeras as situações difíceis ou dolorosas que surgem em teu viver, e te sentes como se perdesses o chão sob teus pés. As decepções que sofres, os sonhos que se esvaem quais nuvens de fumaça, as incompreensões daqueles que te são caros, enfim, tudo te leva a sofrer de tal forma, que preferirias morrer.

Mas, a vida ainda palpita em tuas veias, teu coração pulsa mesmo quando em ritmo descompassado, teus pulmões ainda se repletam do ar que respiras. Bem vivo estás.

Não te entregues ao desânimo e não te sintas um fracassado por não conseguires resolver os teus problemas, nem superar as tuas dores.

Renova-te para o bem; dedica o teu viver a espalhar amor à tua volta e a transformar em luz, a negritude que envolve o teu caminhar de hoje.

Se, no passado, te entregaste ao desespero pela derrocada que enfrentaste naquilo que planejaste para o teu viver, procura, no presente, fazer com que a tua vida se irradie de luminosidade, pelo esforço que fizeres para te libertar de quaisquer pensamentos derrotistas que ainda te envolvam.

E, a tua vida haverá de trazer-te novas alegrias que superem os fracassos de ontem e que te levaram ao extremo da aflição, a ponto de a tudo desistir, a fim de embrenhar-te por rumos desconhecidos, que só fizeram aumentar as tuas aflições. Esquece o passado e sê hoje, aquele que consegue vencer a si mesmo, as próprias imperfeições.

NO MOMENTO DA PARTIDA

... eu estou em meu Pai e vós em mim e eu em vós.
Jesus (João, 14:20)

QUANDO OS INSTANTES finais de um ente querido se aproximam, necessário se faz que se despoje de todo apego e mantenha a calma necessária, para que ele possa partir em paz.

Mesmo que as lágrimas brotem dos teus olhos, tal a dor que sentes, é necessário que entendas que, para aquele enfermo, é um momento de libertação.

É o egoísmo do ser humano que te faz sentir desespero nesse momento de dor. Desapega-te de tais sentimentos para que, aquele a quem dizes amar, possa ter a mente e o coração apaziguados e desligar-se, aos poucos, de um corpo enfermo que não mais tem condições de viver.

Assim, pelos conhecimentos que já tens de que a verdadeira vida é a espiritual e que a vivência na carne é temporária, para um período de aprendizado através do resgate de dívidas acumuladas, deverias entender que é preciso deixá-lo partir.

O espírita-cristão que acreditas e dizes ser, sabe aceitar com equilíbrio e serenidade, que terminou para aquele ente que se despede da vida, a sua passagem por este mundo material, para que possa ser feliz no plano espiritual.

Aceita, pois, a vontade de Deus Pai que deseja o melhor para todos os Seus filhos. Mesmo as maiores dores que tenhas passado na vida, não te foram impostas como castigo, mas sim, como nova oportunidade de mais próximo d'Ele ficar.

NO PULSAR DO CORAÇÃO

Mas a vossa tristeza se converterá em alegria.
Jesus (João, 16:20)

NO PULSAR DO coração a vida prossegue em busca da elevação espiritual do ser. Assim também a tua vida.

Não te creias imune às agruras da vida. Enquanto sofres, teu crescimento interior se processa, desde que saibas suportar com paciência e coragem, o que a vida te leve a atravessar.

Lutando, esforçando-te sempre, vencerás as tuas fraquezas e inseguranças, para que consigas prosseguir na busca daquilo que te engrandeça interiormente.

Nada se consegue com facilidade, nada te é dado de graça. Cada bom ato que praticares, algo mais acrescentarás à tua alma.

O que hoje passas, levando-te muitas vezes ao desespero ou à revolta pelos problemas que atravessas e pelas lutas que enfrentas, haverão de trazer-te reconforto e esperança de que dias melhores haverão de surgir.

No pulsar do coração a tua vida também prossegue. Contudo, que esse prosseguimento seja em função da caridade. Caridade, porém, não é apenas a esmola, o pão que alimenta ou a veste que agasalha. Dá esmolas de amor, de compreensão e de tolerância diante daqueles que venham a te ferir com a aspereza das palavras ou das acusações indébitas.

Não te creias imune às agressões verbais. Que saibas, porém, transformar os espinhos que te ferem, em rosas de amor que consigas oferecer, através do mais puro dos sentimentos e que haverá de engrandecer-te interiormente, ou seja, o perdão. Aquele perdão verdadeiro que leva, em breve tempo, a tudo esquecer, não deixando marcas visíveis para que o teu coração continue a pulsar em ritmo compassado, e sempre voltado para o amor e a alegria de viver.

NOSSA REALIDADE

... a fé é o fundamento das coisas que se esperam, e uma demonstração das coisas que não se veem.

Paulo (Hebreus, 11:1)

TODOS NÓS SOMOS seres espirituais, quer estejamos encarnados ou desencarnados. Essa é a nossa realidade. Não nos creiamos, pois, que somos apenas matéria, quando temos um corpo feito de matéria, que se alimenta de matéria, que respira matéria.

Todo ser humano que habita este mundo material, não é apenas matéria; a sua essência é espiritual. E, como essência espiritual que somos, trazemos Deus dentro de nós, mesmo que ainda não consigamos perceber.

Geralmente, o homem vê Deus apenas como um Ser superior, Criador de tudo e de todos. Mas, como seres espirituais que somos, devemos nos esforçar para que o nosso Deus interior aflore em nós, através da fé que cultivarmos e dos atos de amor e de caridade que conseguirmos praticar.

À medida que evoluirmos, que reconhecermos os nossos erros, procurarmos corrigi-los, e não mais errar, finalmente perceberemos que a nossa essência é divina, permitindo-nos, com esforço e boa vontade, nos libertar das nossas falhas morais.

Conscientizemo-nos, pois, da nossa realidade, e o nosso Deus interior nos fará perceber que somos capazes de amar, com um amor puro e verdadeiro que nos leve a olhar nossos companheiros de jornada, como irmãos muito queridos e necessitados de amparo, a fim de que, também, consigam evoluir. E, o que por eles fizermos de bem, a nós mesmos retornará.

Não importa que as dificuldades se avolumem, que as dores ainda nos levem a sofrer, como seres espirituais que somos, saberemos compreender que tudo o que hoje passamos, são caminhos que nos levam à felicidade que tanto desejamos obter, seja na vida material ou na vida espiritual.

NOSSAS DORES

Na vossa paciência possuí as vossas almas.
Jesus (Lucas 21:19)

EXISTEM DORES FÍSICAS e dores da alma. Ambas nos fazem sofrer.

Pela maneira com que encaramos as nossas dores, elas se amenizam ou se tornam insuportáveis.

Quando surge a dor física, recorremos aos remédios ou, então, buscamos os recursos da medicina, mas quando surgem as dores da alma, não há remédio que nos cure ou que alivie a nossa dor.

Para nos curar das dores da alma, recorremos a Deus. Pedimos, oramos, mas continuamos a nos julgar a mais infeliz das criaturas. Não basta pedir a Deus, se não fizermos a nossa parte, tendo aceitação do ensinamento que a dor queira nos proporcionar.

Só assim, nos adaptando a elas e nos esforçando por melhorarmos interiormente, conseguiremos viver sem revolta e até mesmo agradecendo a Deus pela oportunidade de evoluirmos um pouco mais. E, as dores não nos farão sofrer tanto!

Nenhuma dor, porém, deve ser aceita passivamente, sem lutar por eliminar as causas que a provocaram. Não é, porém, necessário sofrer para podermos evoluir. A dor é consequência das nossas imperfeições.

Corrijamos aquilo de errado que estejamos fazendo, procuremos conquistar as virtudes que nos faltam, façamos da prática da caridade uma norma de vida e evoluiremos um pouco mais, a fim de que as nossas dores sejam passageiras, até que, um dia, embora ainda distante, possamos ser realmente felizes.

NUNCA É TARDE PARA PERDOAR

Se não perdoardes aos homens, tampouco vosso Pai perdoará os vossos pecados.
Jesus (Mateus, 6:15)

QUANDO A MÁGOA machuca o nosso coração, não nos esqueçamos de que nunca é tarde para perdoar.

Guardar mágoas só nos faz sofrer. Já o perdão, alivia o coração que se sentiu ferido. Portanto, quando te sentires magoado por algum motivo, às vezes, até mesmo por bobagens, para o teu próprio bem, perdoa e procura esquecer.

A mágoa destrói muitas amizades e anula algumas possibilidades de ser feliz.

Muitos poderão dizer que não conseguem

perdoar, porque a agressão recebida machucou muito e o seu coração se ressentiu.

É importante, porém, que, para o próprio bem, não se guarde mágoas. A mágoa é como uma ferida que vai corroendo por dentro e que se não for curada com o bálsamo do amor, nunca vai sarar e levará ao distanciamento, pessoas que, até então, se amavam ou se queriam bem.

Portanto, nunca é tarde para perdoar, embora, muitos digam que perdoam, mas não esquecem. Perdoar sem esquecer e ficar remoendo a cada instante as palavras ou as atitudes do outro, não é um perdão sincero.

O perdão verdadeiro sempre acha um motivo para voltar a querer bem a quem foi o causador da mágoa e do distanciamento.

É o orgulho que não permite esquecer. Já o perdão verdadeiro é um ato de caridade e para se praticar a caridade, também nunca é tarde demais.

Abençoemos, pois, a mão que nos feriu, a voz que nos caluniou, o desprezo, a indiferença ou quaisquer outros motivos que poderiam nos ter causado mágoas, pela compreensão da oportunidade que tivermos de testemunhar os nossos bons sentimentos, através de um ato de caridade perante aquele que, de alguma forma, nos tenha machucado interiormente.

O BEM MAIOR

Esforça-te por te apresentares a Deus
digno de aprovação.
Paulo (Tessalonicenses, 2:15)

PERANTE A GRANDIOSIDADE da vida, sintamos a nossa pequenez diante das ações que tenhamos praticado em função do bem.

Olhemos à nossa volta e veremos o quanto ainda nos falta fazer em cumprimento aos deveres em favor do bem do próximo.

Diante da luz intensa do Sol que ilumina, pensemos na claridade que nos falta estender para iluminar os corações aflitos e angustiados.

Diante das águas que caem com a chuva, relembremos das lágrimas daqueles que choram em desespero.

Agora, olhemos para dentro de nós mesmos e questionemos a nossa consciência: o que já fizemos para levar um pouco de consolo e de esperança aos que nem mesmo um teto possuem?

Ergamos a nossa vista para enxergar as situações degradantes de alguns irmãos que buscam no lixo algo para comer.

Olhemos agora para a nossa própria vida confortável, tão diferente daqueles irmãos que nada possuem, além da dor e da miséria extrema e compreenderemos que está na hora de agirmos de forma diferente, dando de nós mesmos para aliviar um pouco que seja, as situações degradantes que percebamos à nossa volta.

E Deus, o Pai da vida, nos recompensará e o bem maior recebido através de Jesus por tudo o que fizermos em função da caridade, haverá de inundar o nosso coração de paz e de imensas alegrias que nos reconfortem a alma, ainda tão carente de misericórdia, ou seja, do Amor Maior de Deus para com todos os Seus filhos.

O MESTRE E O DISCÍPULO

Pois que aproveita ao homem ganhar o mundo inteiro, se perder a sua alma? Ou que dará o homem em recompensa da sua alma?
Jesus (Mateus 16:26)

POR QUE ME chamaste? – pergunta o Mestre ao seu discípulo fiel.

Se já sabes o caminho a percorrer e discernir o bem do mal, não temas e prossegue servindo sempre ao teu próximo mais próximo.

Muito já aprendeste em termos de moral cristã. Portanto, por que duvidar sobre o que fazer quando a dor alheia cruza os teus passos?

E, se a aflição te visita, já sabes conectar-te com o Alto em preces silenciosas; portanto, não temas e enfrenta, com coragem, o que esteja por acontecer e busca na fé a certeza de que, se estiveres com Deus, nada te será impossível.

Mergulha o teu olhar na imensidão do Universo e verás no brilho das estrelas ou nas radiações do Sol, a grandiosidade desse Deus que chamas de Pai, e compreenderás o quão pequenino ainda és, e que precisas do amparo d'Ele.

E não te desvies dos caminhos da luz para percorrer as trilhas da falta de fé.

Por que me chamaste? – completa o Mestre, se já reconheces as tuas fraquezas e imperfeições, mas te negas a realizar o que poderia te engrandecer?

Não te creias desamparado por Ele, pois, se Deus é justo, não seria a Justiça Divina que iria te proporcionar uma vida de dor, se nada tivesses feito por merecer.

Ama, espera e abençoa sempre e, na hora certa, as coisas acontecerão para melhor.

OPORTUNIDADES

Bom Mestre, que obras devo fazer para alcançar a vida eterna?
(Mateus, 19:16)

NO TRANSCORRER DA vida, dia após dia, surgem as oportunidades que, às vezes, esperas para a realização dos teus desejos.

Cada oportunidade é um aprendizado a mais para algo acrescentar à tua bagagem espiritual.

Se a vida, hoje, se te faz difícil e sentes os teus melhores sonhos se esvaírem, não te desesperes.

A vida se faz de lutas constantes e, cada luta vencida, é mais um aprendizado, cada desilusão sofrida, é uma vitória conquistada, se souberes suportá-la com resignação e coragem.

Se a decepção derruba os teus melhores sonhos, se a desconfiança te põe em alerta a fim de não te entregares a atos errados que poderiam causar-te prejuízos, não te desesperes. Ora, confia e espera que, um dia, passadas todas as tormentas conseguireis a tudo suportar sem reclamações e sim, com muita fé, tem certeza de que os teus méritos serão grandes perante Aquele que a tudo vê: Deus, o Criador da vida e de todo o Universo.

Abençoa, pois, tudo o que a vida te leve a passar, e não percas a esperança de que, um dia, haverás de sorrir pelas vitórias que soubeste alcançar sobre as próprias imperfeições,

Tua caminhada pode ter sido longa e difícil, mas hoje já consegues trilhar um caminho que, se nele prosseguires com a mesma fé de até então, não terás de que te envergonhar perante Aquele que te criou.

Ama, abençoa e perdoa sempre, mesmo que as feridas da alma ainda possam doer.

Teus guias espirituais estarão sempre ao teu

lado, amparando-te e sustentando-te em todos os dias do teu viver.

PENSAMENTOS

Se alguma virtude há e algum louvor existe, seja isso que ocupe o vosso pensamento.
Paulo (Filipenses, 4:8)

POR AQUILO QUE pensares, poderás atrair pessoas encarnadas ou irmãos desencarnados que estejam na mesma faixa vibratória que a tua.

Pensamentos bons atraem espíritos bons; já os maus pensamentos atraem espíritos maus. É necessário, portanto, que vigies os teus pensamentos para que consigas viver em paz com a tua consciência, pois todos nós somos responsáveis pelo que pensamos.

Além de que, pelo pensamento poderás plasmar aquilo que desejas alcançar. O pensamento tem uma força poderosa, muito mais do que podes imaginar.

Pensamento positivo colabora para a realização daquilo que tanto desejas obter; pensamentos negativos também, o que não desejas que aconteça, poderá acontecer.

Pelo pensamento podes atingir os páramos celestiais ou penetrares em regiões infernais.

Pelo pensamento podes construir ou destruir o que tanto planejaste para um bem viver aqui na Terra. Recorda as ocasiões em que acreditavas atingir um objetivo, mas por um mau pensamento levaste tudo de roldão.

Pelo modo de pensar, podes até mesmo sentir os aromas agradáveis da Natureza ou o mau cheiro dos lugares imundos.

O pensamento se plasma no cérebro, impulsionado pelo que sentires na alma. E do cérebro é direcionado para os órgãos dos sentidos.

Pensa no bem para que o bem consigas alcançar.

Pelo pensamento, tua alma pode se envolver em luz ou mergulhar nas trevas.

São os pensamentos elevados, que permitem subir o padrão vibratório para poderes entrar em sintonia com os guias espirituais, que tanto te amparam.

PERSEVERANÇA NO BEM

Amado, não sigas o mal, mas o bem. Quem faz o bem é de Deus; mas quem faz o mal não tem visto a Deus.
3 João 1:11

FORÇA, CORAGEM, E perseverança no bem, é o de que necessitas para enfrentar os transtornos com que a vida, às vezes, se te apresenta.

Não desanimes jamais, nem te irrites, mesmo que tudo ao teu redor não se realize como desejas, pois, nem sempre as pessoas têm comportamentos iguais aos teus.

Diz o ditado popular: "cada cabeça uma sentença", isto é, o que é certo para uns, para outros talvez não seja. Nem todos agem como gostarias que agissem e nem sempre fazem o que esperavas que fizessem.

As pessoas não são iguais e nem todas estão no mesmo grau evolutivo e, às vezes te irritam com as atitudes que tomam ou com palavras grosseiras que te dirigem.

Não deixes que o orgulho te coloque numa posição de falsa superioridade. Sê humilde sempre e, às vezes, talvez seja melhor calar, que argumentar de forma diferente das opiniões alheias, por não concordar. Podes até ter razão, mas deixes que aprendam por si sós.

Em vez de observar as atitudes erradas que tomam, observa mais as tuas. A indulgência é uma virtude que, talvez, ainda não conquistaste. Portanto, vigia a ti mesmo, os próprios pensamentos, porque é muito fácil observar o comportamento alheio, esquecendo-te de que também podes estar sendo observado pelos outros.

Só a perseverança na prática das lições de Jesus que já recebeste, é que te proporcionará uma vida mais feliz, mesmo que todos à tua volta não realizem as coisas que te dariam plena satisfação.

PROBLEMAS

Sigamos as coisas que contribuem para a paz e para a edificação de uns para com os outros.
Paulo (Romanos, 14:19)

NO EDUCANDÁRIO DA vida, muitas vezes te vês à frente de problemas aparentemente insolúveis e que te pedem uma certa dose de heroísmo para que consigas vencê-los. Suporta-os, porém, com coragem e fé, na certeza de que tudo são nuvens passageiras, e que te permitirão encontrar depois de superá-los, mais paz e alegria em teu coração, assim como o Sol que volta a brilhar, quando as nuvens que o encobrem se afastam.

É no reduto doméstico, porém, que os problemas geralmente se fazem mais presentes, pois é aí, entre as quatro paredes do lar que se reúnem, quase sempre, desafetos do passado para, juntos, suportando as mesmas tristezas ou participando das mesmas alegrias, os desajustes possam encontrar novamente a harmonia, o perdão se estenda e o amor passe a reinar nos corações.

É preciso, portanto, revestir-te de paciência e muita compreensão, para tudo poderes suportar com resignação cristã. E, depois de vencidas as lutas, encontrarás a paz que almejas e a oportunidade de subir um pouco mais na escala da evolução espiritual.

Aceita, pois, com fé e coragem e até mesmo com alegria, todas as tempestades da vida que, ainda hoje, te oprimem o coração.

Coragem, irmão, não temas! Jesus está contigo e, com ele, haverás de vencer para de Deus, poderes te aproximar um dia!

QUANDO A DIFICULDADE AUMENTA

Não te deixes vencer pelo mal, mas vence o mal com o bem.
Paulo (Romanos, 12:2)

QUANDO A DIFICULDADE aumenta em consequência da vida atribulada que levas, é hora de repensar nas próprias atitudes ou maneiras de encarar as ambições de querer amealhar bens materiais, sempre mais e mais.

Se não é esse o teu caso, verifica se tens sabido organizar mais a tua vida, selecionando as prioridades para que, aos poucos, consigas a tudo resolver sem sobrecarregar-te em tuas obrigações.

Lembra-te também de orar, buscando auxílio do Alto, para que consigas a tudo realizar a contento, sem desgastar as tuas energias, a ponto de que alguma doença te obrigue a parar.

Se o teu cérebro agitado não descansa, o coração pede socorro. Lembra-te de que o teu corpo não é máquina em que o ajuste de alguma peça enferrujada ou desgastada pode ser substituída ou, se desajustada, ser consertada. O teu corpo é feito de carne e ossos e, nem sempre os remédios ou mesmo cirurgias podem resolver os desajustes físicos e, aí a saúde vai perecendo até que, quando menos esperares, algo mais grave possa acontecer ou até mesmo, tirar-te a vida.

Na vida agitada de hoje em dia, se não tiveres moderação no que fazes, uma hora poderás ser surpreendido por algo que ponha a tua vida em risco. Portanto, para um pouco, pensa melhor nas coisas que tens feito. Verifica se não estás exagerando ou se precisas de um pouco mais de descanso e distrações.

É preciso moderação no que fazes, para continuar tua vida sem desgastar-te em excessos que venham a lesar esse corpo que te foi proporcionado por Deus para engrandecer o teu espírito e não apenas para usufruir das vantagens materiais que a vida, ilusoriamente, pode proporcionar às pessoas incautas que querem tirar deste mundo, o máximo que puderem em bens materiais. Entretanto, não serão estes, que te engrandecerão diante de Deus, mas sim, os bens espirituais.

QUANDO A VERDADE SURGE

Nem todo aquele que me diz Senhor,
Senhor, entrará no Reino dos Céus.
Jesus (Mateus, 7:21)

POR MUITO TEMPO acreditaste na teoria de ser a Terra o único mundo habitado. Isto foi o que aprendeste, por conta de algumas religiões que limitam o poder de Deus.

Contudo, quando conheceste o espiritismo, passaste a entender o poder maior de Deus que, ao criar os planetas, as estrelas, as galáxias para povoar o Universo, não foi apenas para enfeitar o céu que tanto admiramos ou alegrar a nossa vida.

Preferiste acreditar num Deus maior, capaz

de criar incessantemente. Por que Ele criaria tanto, se não tivesse nenhuma utilidade?

A criação de Deus é infinita para proporcionar aos seres vivos, oportunidades também infinitas de evolução e d'Ele poderem se aproximar. A evolução, porém, não é apenas física ou material, mas, sobretudo espiritual, para crescerem interiormente, se amarem uns aos outros e se ampararem mutuamente.

Se Deus é Pai infinitamente misericordioso, naturalmente, ama a todos os Seus filhos e, por muito amar, é que proporciona tantas belezas naturais, para que o viver terreno não seja apenas de sofrimentos por conta dos erros cometidos, e que acarretam muitas provações.

O Universo é infinito e, perante outros mundos, a Terra é tão insignificante! Portanto, é o orgulho que nos leva a acreditar sermos os únicos seres humanos do Universo. Sejamos mais humildes e consideremos os seres que habitam outros planetas, como nossos irmãos, filhos, como nós, de Deus Pai, o Senhor do Universo. Se não O vemos, procuremos senti-Lo em nós, no âmago da nossa alma. É essa a Verdade que surge, para que compreendamos o quão pequeninos ainda somos.

QUANDO CHEGA A PRIMAVERA

Enquanto temos tempo, façamos bem a todos.
Paulo (Gálatas, 6:10)

QUANDO CHEGA A primavera, as árvores florescem e a Natureza se engalana, tornando-se mais bela. Um suave perfume rescende no ar, atraindo coloridas borboletas e os passarinhos se põem a chilrear.

A primavera é um tempo de renovação, de também nos renovarmos interiormente, de nos despojarmos das lembranças velhas e sofridas que ainda acalentamos na alma para que novas esperanças possam surgir.

Libertemo-nos de tudo que faz amargar o nosso coração, deixando-o livre para receber manifestações de carinho e de um puro e verdadeiro amor.

Deixemos que o amor do Cristo nos inunde interiormente de paz e desejos de melhoria interior.

Quando chega a primavera, com o céu mais limpo, o Sol se torna mais belo e luminoso, inundando com seus raios, os recantos mais sombrios da Terra para que percebamos onde podemos ajudar de alguma forma.

Sejamos a luz que clareia os caminhos daqueles que se encontrem na escuridão da falta de fé.

Sejamos a paz, onde a conturbação impere, provocando desarmonia e carência de amor.

Sejamos o amor onde o ódio prevaleça, causando sofrimento e dor, para que a paz retorne aos corações.

Sejamos a fé a fazer brotar nos corações descrentes aquela sementinha que, um dia, haverá de crescer, florescer e, quiçá frutificar.

Sejamos instrumentos fiéis do amor de Jesus a se derramar em bênçãos pelos caminhos onde transitarmos, amparando corações em desespero, daqueles que de nós se aproximarem.

RECORDAR É VIVER

Bem-aventurados os limpos de coração,
porque eles verão a Deus.
Jesus (Mateus 5:8)

QUANTAS VEZES LEMBRANÇAS fugazes nos passam na mente, mas do mesmo modo que chegam, se esvaem e logo prosseguimos em nossas obrigações diárias, sem que elas deixem vestígios.

De outras vezes, ficam registradas e nos sentimos como se estivéssemos revivendo aquele passado que nos deixou marcas profundas na alma.

É imprescindível, porém, que essas marcas não nos levem a sofrer novamente. Contudo, se forem lembranças agradáveis de momentos felizes que atravessamos, esforcemo-nos para que, ao recordá-las, possamos nos sentir alegres, como se estivéssemos revivendo esses momentos de felicidade.

Sim, recordar é viver, porque a recordação de momentos felizes leva a nos sentirmos gratificados por Deus nos permitir, mesmo por um momento, usufruir novamente das situações que nos proporcionaram grandes alegrias.

Mas, se não nos esforçarmos por apagar da mente aquelas recordações que nos levaram às lágrimas, nos sentiremos confrangidos e nenhum sorriso embelezará nossa face.

Assim sendo, procura compreender que tais recordações poderão atrair para junto de ti, espíritos bons ou sofredores e que te permitirão continuar usufruindo das alegrias dos bons espíritos ou das dores daqueles que muito sofrem e estas, juntando-se às tuas, transformarão a tua vida num mar de lágrimas sem fim.

Assim, quando a tristeza te dominar a alma com tais recordações, eleva o teu pensamento a Deus, numa prece fervorosa, que te permitirá sintonizar com a felicidade sublime das esferas celestiais.

RUMOS CERTOS

Sigamos, pois, as coisas que contribuem para a paz.
Paulo (Romanos, 14:19)

NAS LUTAS DO dia a dia, surgem momentos em que vacilas, sem saberes que rumo tomar.

Nesses momentos é necessário que te lembres de Deus ou do mestre Jesus, buscando na prece, a inspiração necessária a fim de decidires as tuas escolhas, analisando se são para o bem ou para o mal.

É com discernimento do certo e do errado, que não mais errarás, tomando atitudes das quais possas te arrepender.

Se hoje agiste mal, mesmo sabendo estar errado, a vida certamente haverá de te cobrar. Surge, então, a dor do remorso e a necessidade de modificar os teus pensamentos e sentimentos, muitas vezes desviados por sugestões alheias, independentes da tua vontade, mas que venhas a captar.

Só por meio da reforma íntima, e do fazer ao próximo tão somente o que desejas para ti mesmo, é que conseguirás caminhar por linhas retas, sem te desviares por atalhos perigosos e que te levarão à dor.

Faze, pois, da vivência dos ensinamentos de Jesus, o objetivo primordial de tua vida, e Jesus, o Mestre dos mestres, haverá de te abençoar, proporcionando-te uma vida mais amena, sem tantos problemas, sem tantos sofrimentos.

Portanto, lembra-te sempre de vivenciar o evangelho em todos os instantes do teu viver. E, certamente, não mais te desviarás dos rumos certos a seguir, a fim de que possas receber as recompensas merecidas.

SE A VIDA CONTASSE...

Considera, pois, a bondade de Deus
para contigo.
Paulo (Romanos, 11:22)

SE A VIDA contasse o nosso passado vivido longe dos ideais nobres hoje acalentados, por certo, sentiríamos vergonha de nós mesmos.

Todos nós temos vivido múltiplas encarnações e, nesse vai e vem, apesar dos erros, sempre algo de bom tentamos acrescentar à nossa alma.

Mesmo que tenhamos passado por dores que muito nos fizeram sofrer ou por dificuldades que nos levaram ao desespero, hoje conseguimos reconhecer que foram para o nosso bem.

Portanto, mesmo que os nossos dias atuais nos façam chorar, transformemos as nossas lágrimas em atos de amor e de caridade. E, tudo haverá de nos parecer mais fácil.

Com a compreensão das dificuldades da vida que estejamos atravessando, mesmo que difícil e sofrida, tudo nos parecerá mais suave, pela certeza de que algo de bom estaremos acrescentando para a nossa evolução espiritual.

Não importa o que tenhamos feito ou vivido. O passado já se foi. Cuidemos do presente que, de uma forma ou de outra, está sendo um presente de Deus, que só temos a agradecer, mesmo que ainda nos faça derramar muitas lágrimas.

Um dia, porém, tudo passará e, uma alegria imensa haverá de nos envolver, pela certeza de termos saído vitoriosos naquilo que Deus espera de nós.

SE A VIDA PARASSE

De maneira que cada um dará conta de
si mesmo a Deus.
Paulo (Romanos, 14:12)

NO TRANSCORRER DA vida, se entre uma dificuldade e outra desistisses de lutar ou se quando a desilusão envolvesse tua alma, sentisses vontade de morrer, o que seria de ti?

Lembra-te de que estás neste mundo para lutar e progredir. O progresso, porém, não se alcança com desânimo ou revolta e sim, com muito esforço e boa vontade.

Nenhuma dificuldade seria vencida se a vida parasse, nenhuma conquista seria alcançada se cruzasses os teus braços diante dos obstáculos que surgissem. Pode ser difícil, mas não impossível.

Confia mais em ti mesmo, nas tuas capacidades e, quando sentires uma sombra de dúvida a obstruir o teu desejo de conquistar o que buscas ou de superar as tuas fraquezas, lembra-te de orar. Para um pouco, relaxa e pensa em Jesus para que consigas vencer o teu desânimo. Lembra-te de que ele jamais desanimou diante da incompreensão de muitos que pretendiam impedi-lo de cumprir a sua gloriosa missão.

Se a vida parasse para ti, nada conquistarias de bom, nem mesmo o teu progresso espiritual. Permanecer na inatividade é entregar-se à derrota, ao invés de vencer. Esforça-te, portanto, e procura vencer a ti mesmo, as tuas fraquezas e imperfeições, fazendo com que a tua vida se engrandeça de boas ações.

Se olhasses à tua volta e visses a dor e a miséria que envolve a vida de muitos, e lutasses para, de alguma forma, dar a tua contribuição para amenizá-la, compreenderias que é mais feliz do que desejavas ser.

A vida palpita à tua volta, basta ter olhos de

ver, amar e sentir, pois também és filho de Deus e tens uma vida à tua frente para ser vencida. Basta acreditar.

SER FILHO

Honrarás a teu pai e a tua mãe para teres uma dilatada vida sobre a Terra...
(Êxodo, 10:10)

QUANDO SE APROXIMA o Dia das Mães, procura-se enaltecer o valor das mães na educação de seus filhos. Entretanto, ser filho também é um grande aprendizado individual.

Não basta saber que se tem pai e mãe. Ser filho é compreender que é preciso amá-los e respeitá-los, principalmente na velhice, proporcionando-lhes conforto e alegria nesse final de vida.

Quando fomos crianças, era fácil ser filho, já que nossos pais estavam sempre a nos amparar e orientar, demonstrando amor e carinho constantes, além de nos educar e das brincadeiras com que sempre nos divertiam.

Porém, na medida em que crescemos e atingimos a juventude, os prazeres do mundo passaram a dividir nossa atenção e, muitas vezes, nos esquecemos das demonstrações de carinho e passamos a lhes cobrar atenção, de forma redobrada, desejando que nos fizessem a vontade, mesmo que não fosse o que eles queriam para nós, por saberem não ser para o nosso bem.

Quando nos tornamos adultos, pelas inúmeras obrigações que a vida nos acarreta, deixamos de ter como prioridade, as demonstrações de amor e carinho para com os nossos pais e nos esquecemos de ensinar esse dever aos próprios filhos que a vida nos tenha proporcionado.

Ser filho é saber respeitar os pais, também na velhice, mesmo sem esperar que nossos filhos, no futuro, tenham o respeito como um dever para conosco.

Ser filho, na velhice, é chorar às escondidas, pelo arrependimento de não lhes ter ensinado, quando ainda crianças, o respeito que por nós deveriam ter, por agora compreendermos ser tarde demais.

Portanto, se ainda não somos, antes de nos tornarmos pai ou mãe, que saibamos demonstrar carinho e amor, pelos nossos pais, se ainda os tivermos, através do respeito e atenção que merecem, pois foram eles que nos proporcionaram a oportunidade de reencarnar neste mundo, para podermos evoluir.

SOLUÇOS OU SOLUÇÕES

Não se turbe o vosso coração.
Jesus (João, 14:1)

NA BUSCA DE soluções para os problemas que tanto te afligem, não te entregues ao desespero.

Controla os teus soluços de choro ou lamentações, por soluções que te levem ao encontro das coisas que buscas resolver.

Nem tudo é fácil na vida; nem tudo acontece como desejamos, nem se realiza conforme esperamos.

Não são os soluços de angústia ou de revolta que te mostrarão os caminhos a seguir. Não são as lágrimas hoje derramadas, que haverão de trazer-te um amanhã mais feliz.

Que tu saibas, portanto, substituir os teus soluços de agora, por sorrisos de esperança e de fé; as mágoas de hoje, por sentimentos fraternos, pois serão através destes que as soluções haverão de aparecer.

Mesmo que a vida te faça esperar por algum tempo, para que surjam as soluções para os problemas que estejas enfrentando, não será por isso que deverás voltar a soluçar.

Não te revoltes. Procura aguardar com serenidade e paciência ilimitada, e quando menos esperares, as soluções virão.

A aceitação serena das dificuldades e dos problemas em que te vejas envolvido, são portas abertas para que as soluções que buscas possam ser encontradas.

Aceita a vida como ela é, e haverás de sentir-te bem mais feliz.

TAMBÉM SOMOS IRMÃOS

Não julgueis para não serdes julgados; porque com o juízo que julgardes os outros, sereis julgados.
Jesus (Mateus, 7:1)

NÃO IMPORTA A raça, não importa a cor da pele, a nacionalidade, nem a religião... Lembremo-nos de que, perante Deus, também somos irmãos.

E, como irmãos que somos, devemos nos amar uns aos outros.

Se a vida hoje te colocou numa posição privilegiada, não desprezes aquele que se encontre numa situação de inferioridade.

Se a beleza te permite destacar aos olhos do mundo, lembra-te de olhar com carinho e respeito, aquele que aparenta ser feio, pois não consegues ver-lhe a beleza da alma.

Se a saúde ainda sobeja em tua vida, olha com piedade para aqueles em que a enfermidade não lhes permite ter uma vida digna e proveitosa e, se possível, busca recursos que lhes aliviem a dor.

Se perante todos te consideras uma pessoa normal, não desprezes aqueles em que a inteligência ou a aparência mostrem comportamentos estranhos.

Não julgues a ninguém. Não permitas que os teus olhos enxerguem o mal, quando o mal poderá estar dentro de ti mesmo.

É a lei da evolução que proporciona essa variedade de comportamentos e atitudes, de saúde ou de doença, de riqueza ou de pobreza diante da vida. Se vivesses uma única encarnação, certamente, serias sempre igual e perderias inúmeras oportunidades de evoluir.

Não te creias assim, melhor que ninguém. Aceita a tua posição neste mundo, como és e do jeito que és, sem queixas ou revolta, mas aceitando o que mereces possuir ou o que precisas enfrentar para crescer interiormente.

Amemo-nos uns aos outros, com um amor fraterno e puro e, o que puderes fazer em benefício do próximo haverá de render-te juros da misericórdia divina.

VENCENDO MONTANHAS

E não vos conformeis com este mundo, mas transformai-vos pela renovação do vosso sentimento.
Paulo (Romanos, 12:12)

TODOS NÓS, CRIATURAS humanas encarnadas ou desencarnadas, carregamos em nós montanhas de imperfeições, as quais serão eliminadas, à medida que evoluirmos.

Vencer essas montanhas depende de nós mesmos, do esforço que fizermos em nos melhorar interiormente.

De passo em passo, subimos uma montanha e, apesar de cansados, a subida nos leva ao topo.

Assim, também, à medida que superarmos as nossas fraquezas, pelo desejo constante de nos tornarmos pessoas melhores, também chegaremos, um dia, ao topo da evolução espiritual, que é nos aproximarmos de Jesus.

Chegarmos a ele nos trará uma alegria suprema por reconhecermos o quanto conseguimos melhorar, ao vencer as nossas fraquezas interiores. E, a paz com que tanto sonhamos, haverá de nos envolver o coração.

E, um dia, por termos superado a nós mesmos, as nossas imperfeições, tornar-nos-emos criaturas abençoadas por Deus, o Pai Criador de todos nós.

SONHO OU REALIDADE

Procurai com zelo os melhores dons e eu vos mostrarei um caminho ainda mais excelente."
Paulo (I Coríntios, 12:31)

TRANSFORMAR EM SONHO ou realidade os nossos anseios, depende exclusivamente de nós, do nosso esforço e perseverança nas lutas, a fim de conseguirmos alcançar aquilo com que tanto sonhamos.

A vida se faz de lutas constantes, mas se desanimarmos perante as primeiras dificuldades que surjam, nada alcançaremos e logo nos entregaremos ao desespero ou à revolta, achando que Deus se esqueceu de nós.

Cada um consegue conquistar aquilo que fez

por merecer, pelos bons ou maus atos praticados em existências anteriores. Quem plantou o bem, o bem haverá de colher, mas quem plantou o mal em seus caminhos evolutivos, como esperar colheita melhor?

Abraça os teus deveres com força e coragem, procurando realizar o melhor em teus caminhos, usando de compreensão e tolerância para com aqueles com quem cruzares os teus passos, aceitando sem revolta, os transtornos que surjam.

Paciência é uma virtude que precisas conquistar, já que nada acontece na vida, de um momento para outro. A semente plantada, demora para crescer. Assim acontece com as árvores que, enquanto levam anos e anos para alcançar a altura da qual se espera, vão fincando suas raízes no solo para lhes dar segurança, a fim de que as tempestades que surjam, não as derrubem.

Assim tua vida. Enquanto aguardas o que esperas alcançar se realize, procura também fincar tuas raízes no trabalho a fim de aumentar tua segurança, para que os dias vindouros, mesmo tormentosos, não levem tudo para o chão.

Trabalha, estuda, busca aumentar teus conhecimentos e adquirir a experiência necessária, para quando a Deus aprouver, os teus sonhos se tornem realidade.

TOMA A TUA CRUZ E SEGUE

Pai, não se faça a minha vontade, mas a tua.
Jesus (Lucas, 22:42)

MESMO QUE A tua vida se faça pesada demais, pelas dificuldades que enfrentas, toma a tua cruz e segue amando e servindo sempre.

Mesmo que os problemas que atravessas sejam de difícil solução, toma a tua cruz e segue confiante no amparo divino, que não haverá de te faltar.

Que nada na vida te faça desistir de lutar e servir! Caminha confiante de que não estás só na tua caminhada. Espíritos amigos estarão ao teu lado, incentivando-te a prosseguir sem jamais desanimar.

Afasta de ti os pensamentos sombrios que te levem a desistir dos teus bons propósitos e prossegue servindo e amando ainda assim.

Um dia perceberás que a cruz que hoje te faz sofrer tanto, foi o meio escolhido por Deus para que pudesses te libertar das dívidas morais adquiridas num passado que não volta mais.

Do mesmo modo que Simão, o Cireneu, ajudou Jesus a carregar a cruz que o conduziria ao Calvário, alguém que muito te ama, também haverá de sustentar-te para que não tombes diante da dor.

Aceita, pois, com serenidade crescente, tudo o que a vida te faça passar, com a compreensão de que sempre são para o teu bem, mesmo que, de imediato, não consigas entender.

Toma a tua cruz e segue adiante sem olhar para trás, ou seja, abandonando os vícios e outras atitudes erradas que sempre tomaste, faze o bem que puderes e perceberás o quão leve ela haverá de se tornar, pela certeza de que Jesus espera por ti para conduzir-te ao seu reino de luz, de amor e de paz.

VIGIA TEUS PASSOS

E, sobre tudo isto, revesti-vos de caridade, que é o vínculo da perfeição."
Paulo (Colossenses, 3:14)

NÃO ENVEREDES PELOS caminhos tortuosos da vida. Procura sempre os caminhos retos a seguir, os caminhos da justiça, do amor e da caridade.

Fazendo ao próximo o que estejas a desejar que te façam, não errarás nas tuas ações.

Vencendo as tuas fraquezas e corrigindo as tuas imperfeições, não terás dúvidas nas tuas escolhas para que o bem consigas realizar.

Não te deixes envolver pelas tentações, que são sempre um chamariz para que ajas contra os ensinamentos do mestre Jesus.

À tua volta pululam entidades vingativas de

outras encarnações que procuram prejudicar-te, mas se te lembrares de orar e vigiar em todas as situações conflitantes em que estejas envolvido, nada de mal te atingirá.

A oração feita com fé envolver-te-á como um manto protetor, impedindo que tais entidades consigam induzir-te a enveredar por caminhos errados.

Confia no teu protetor que te acompanha em todos os trâmites da vida, para que saias vitorioso da presente encarnação.

Esforça-te, porém, por fazer a tua parte, a fim de colaborar com aqueles que te amam sem interesses escusos, sejam encarnados ou desencarnados que, certamente, haverão de te abençoar.

VIVER A VIDA

Em tudo dai graças.
Paulo (Tessalonicenses, 5:18)

VIVER A VIDA não é desperdiçá-la em coisas fúteis ou praticando algo de que um dia te envergonharás. É levar esperança aos que sofrem, inclusive para contigo mesmo. É não revoltar-te perante as asperezas que encontrares em teus caminhos evolutivos.

Viver a vida é sorrir, mesmo que teus olhos persistam em querer chorar. É ter o coração apaziguado diante das intempéries que possam surgir.

Viver a reclamar de tudo e de todos, não traz felicidade para ninguém. Portanto, apazigua o teu coração, ergue teus olhos para o céu, observa o firmamento pontilhado de estrelas ou o Sol a brilhar, procurando fazer com que a tua alma resplandeça de luz e de esperança de que os dias negros haverão de passar.

Acorda para a vida, não te queixes de nada e executa o teu labor diário, com a certeza de que aconteça o que acontecer, não irás te desesperar, pois sabes que tens um anjo ao teu lado, incentivando-te a não perderes a fé e a coragem de lutar por uma vida sempre melhor e, que tudo o que estiver te causando aflições, haverá de passar.

Estarás, assim, vivendo a vida em sua plenitude, com a certeza de teres feito o melhor em benefício daqueles que estejam ao teu redor e de todos os que necessitem que lhes renove a esperança de que também conseguirão ser felizes. Basta que se mirem nos teus exemplos para que, também, consigam viver a vida como tu estejas vivendo.

Viver a vida é saberes amar, mesmo sem seres tão amado como gostarias de ser, pois o amor verdadeiro apaga quaisquer mágoas que ainda guardes no coração.

Ama e confia na proteção do Alto que a todos ampara, para que consigas viver a vida como deverá ser, com muita alegria e paz, agradecendo a própria vida que te foi permitida e proporcionada por Deus.

VOLTA-TE PARA O BEM

E não nos cansemos de fazer o bem...
Paulo (Gálatas, 6:9)

SE ATÉ ONTEM caminhaste por trilhas que te envileciam, hoje, volta-te para o bem que precisas cultivar para que o teu caminhar prossiga, agora, direcionado para a conquista de luz.

Se continuares caminhando por rotas perigosas, nunca alcançarás objetivos que te engrandeçam interiormente.

Se persistires em prosseguir distante da luz, nunca te afastarás das trevas que te envolvem. Se buscares a luz que vislumbras à distância, esforçando-te por alcançá-la, a tua vida ficará mais luminosa, mesmo que, à tua volta tudo seja negrume e dor

Volta-te para o bem e o mal ficará distante de ti. Cada vez que persistires no erro, mais longe enxergarás o momento de encontrar a luz

Se a tua vida for pautada em bons atos, saberás que nenhuma dor te atingirá. Contudo, se a dor chegar por conta do mal que praticaste um dia, conseguirás suportá-la com serenidade, na certeza de que não será para sempre.

O que hoje julgas ser um mal, amanhã conseguirás enxergar que foram para o teu bem.

Portanto, em vez de chorar, sorri. Em vez de entrar em desespero, transforma o momento difícil em aceitação, por compreenderes que tudo que te acontece, auxiliará no teu crescimento interior.

Volta-te para o bem e, o mal que hoje ainda carregas na alma, haverá de se transformar em cinzas que um ligeiro golpe de vento levará para bem longe de ti.

O VETERINÁRIO DE DEUS

Conto de Lúcia Cominatto
Sob inspiração

Um bebê! Só não está muito molhado, porque ficou protegido pelo banco.

O VETERINÁRIO DE DEUS

E seu Pai, que vê o que é feito em segredo,
o recompensará.
Mateus (6:3-4)

APÓS UM DIA ensolarado, no final da tarde o céu fica nublado e um arzinho de chuva já se faz sentir. Sentadas num banco na varanda de uma casa modesta, Aline e Sônia conversam sobre o que pretendem fazer no domingo.

– Sônia, o que você acha de passarmos o domingo no sítio do vovô? As jabuticabeiras já estão começando a produzir. E eu adoro jabuticabas!

– Ah, não! Prefiro ficar aqui mesmo. Pretendo ir à festa de aniversário da Joana. Vai ter até bailinho!

– Cuidado, Sônia! Você sabe que mamãe não simpatiza com essa tal de Joana. Desconfia de que ela anda com más companhias.

– Mamãe vê maldade em tudo. Tenho certeza de que não é nada do que ela pensa.

Nisso, começam a cair os primeiros pingos de chuva. As jovens acham melhor entrar, interrompendo a conversa.

Quinze minutos depois, a chuva desaba. E é chuva com ventania, raios e trovões. Começam a fechar as janelas, porque a mãe, dona Clarinda, não se encontra em casa. Com a intensidade da chuva, logo a luz apaga. As horas passam e nada de a luz voltar. As ruas ficam intransitáveis naquele vilarejo. E dona Clarinda não consegue regressar, embora preocupada com as filhas ainda jovens e inexperientes.

– E agora, o que fazemos? – pergunta Sônia. – Já começa a anoitecer e a luz não volta. Será que teremos de passar a noite no escuro?

E ambas vão para a cozinha verificar onde a mãe tem velas. Mas não encontram.

– Ah! Já sei – disse Aline. – Deve ter no quarto da mamãe; ela vive acendendo velas quando reza pedindo ajuda aos santos.

Já estavam procurando, quando percebem que a porta do quarto vai rangendo, rangendo, até se fechar, mas não percebem que aquilo era por causa do vento forte a soprar por alguma frestinha.

Ambas, assustadas, achando que o quarto está mal-assombrado, se abraçam e ali ficam paradas, sem saberem o que fazer.

Nisso, Aline, por ser mais velha e menos medrosa, sugere:

– Vamos rezar! Se for um espírito bom, vai agradecer.

– E se for um espírito mau? – pergunta Sônia, apavorada.

– Vai também se beneficiar.

– Mas eu estou com medo! – retorna a irmã.

– Deixe de ser medrosa. E vamos rezar juntas!

E assim, passam a orar o Pai-nosso, a Ave-maria, o Credo, como se a repetição das orações decoradas tivesse mais valor que algumas palavras partidas do coração. Mas, apesar das orações, Sônia não consegue se acalmar. Agarradas, uma a outra, voltam para a sala.

Nisso, ouvem um choro baixinho vindo do lado de fora. Assustadas, e não podendo abrir a porta por causa do vento forte, Aline pergunta:

– Quem é? Está chorando por quê? – mas ninguém responde.

Aline, então, afasta a irmã e vai abrindo a porta bem devagar para espiar. De repente, num golpe de vento, a porta se escancara e ambas ficam encharcadas. Olham para fora e não veem ninguém.

Com muito esforço, Aline fecha a porta novamente. Mal passa a chave e o choro recomeça.

– Que brincadeira é essa? – pergunta. Mas, como das outras vezes, ninguém responde.

Suspeitando ser alguma alma penada, tenta dialogar com ela, dizendo:

– Vou fazer uma pergunta. E você me responda sim ou não. Se for sim, bata de leve na porta, mas, se for não, dê duas batidinhas. Entendeu?

Mas, com o barulho da chuva, não dava para escutar.

– Onde você aprendeu isso? – pergunta Sônia, com curiosidade.

– Uma amiga me disse que, assim, é possível conversar com os espíritos.

– Credo, minha irmã! Não gosto disso. É bom parar por aí!

Aos poucos, a chuva diminui, e o estranho choro também.

– Agora vou tentar novamente, mas, antes, darei mais uma espiadinha, porque não estou ouvindo mais nada.

Devagar abre a porta e vê, debaixo do banco, uma criança embrulhada em panos.

– Nossa Senhora... Sônia! Venha ver quem estava chorando! Um bebê! Só não está muito molhado, porque ficou protegido pelo banco. Vamos levá-lo para dentro; deve estar com muito frio. Vai buscar um xale de lã, enquanto tiro esses panos molhados.

Já dentro de casa, ao despirem a criança e aquecê-la com o xale, percebem que se trata de um menino recém-nascido.

– Era por isso que chorava tanto. E nós, bo-

bocas, pensando ser algum mau espírito. Quem o teria deixado aqui? E o que vamos fazer com ele? – pergunta Sônia. – E a mamãe que não chega!

– Vou procurar dona Amélia, a parteira que mora aqui perto. Quem sabe, ela poderá nos ajudar!

Aline ia sair, mas estava muito escuro, e o caminho já era um verdadeiro lamaçal. Poderia escorregar e cair. Tenta telefonar para a mãe, mas o telefone está mudo.

– E, agora, o que fazer? – ambas perguntam.

Nisso, Aline sugere:

– Vamos pedir ajuda aos nossos anjos de guarda. Certamente, eles nos darão alguma ideia.

Após uma pequena oração, Sônia, que é médium psicofônica sem o saber, numa voz estranha, porém suave, diz:

– Tenham fé. Logo aparecerá alguém para auxiliá-las.

Não demora muito e escutam palmas.

– Quem é? – Aline pergunta.

Uma voz feminina responde:

– Sou Amélia, a parteira. Abram, por favor, preciso lhes falar.

– Nossa! Como o anjo é esperto! – diz Sônia.

A parteira entra. E em tom sério narra:

– Eu estava indo de charrete atender a uma parturiente no Sítio da Cascata quando a chuva começou a cair. Acabei ficando atolada aqui perto. Sem saber o que fazer, vim perguntar se o seu irmão está em casa e se pode me ajudar.

Aline, aliviada, exclama:

– Abençoada seja, dona Amélia! Meu irmão viajou, mas, neste momento, somos nós que precisamos muito da ajuda da senhora.

– O que houve?

– Vá até o quarto e veja por si mesma...

Ressabiada, a senhora vai ao quarto e:

– Jesus! Maria! José! Acho que nasceu de sete meses! Ainda é muito pequeno! Mas, afinal, por que esse bebê está aqui?

Aline passa a explicar o que ocorrera, acrescentando:

– A senhora foi mandada por Jesus.

– Como assim?

E Aline revela que no momento em que estavam rogando ajuda, Sônia pôs-se a falar de uma forma diferente, dizendo que logo chegaria uma pessoa para ajudá-las.

– Verdade, Sônia?

– É ela quem diz. Eu não me lembro de nada.

Dona Amélia, que é espírita, compreendendo o que poderia ter ocorrido, explica que Sônia tivera um transe mediúnico.

– Mas isso não é coisa do demônio? – pergunta Aline.

– Não. Se fosse do demônio, seria um demônio bonzinho, que só queria auxiliar. Agora, não percamos mais tempo. Vamos providenciar tudo o que seja necessário para banhar e aquecer esse menino.

– E a charrete, como fica?

– Depois eu vejo isso; agora a criancinha é mais importante. Vamos cuidar dela, senão pode morrer. Se não temos luz e não acharam vela, levemos a criança para a cozinha e, se ainda tiver brasas no fogão, podemos acender o fogo para aquecer e cuidar desse bebê.

Assim, graças à ajuda dos bons espíritos, que intuíram a parteira para buscar socorro naquela casa, a criança foi salva.

Dona Amélia, após dar as instruções necessárias de como cuidar do bebê até dona Clarinda chegar, vendo que a chuva já havia passado, despede-se e vai procurar alguém para desatolar a charrete e continuar o seu trajeto.

Alguns homens que por ali passavam, com muito esforço, conseguem fazer com que dona Amélia prossiga a viagem. Pelo caminho, muito preocupada, vai pensando:

– Como estará ela? Será que a criança já nasceu? Será que alguém a ajudou? Mas, de qualquer forma, irei até lá, nem que seja só para me desculpar.

Após um longo percurso, só consegue chegar ao sítio, pela madrugada. Ansiosa por saber notícias, para a charrete perto da entrada, sacode a sineta do portão, mas ninguém responde. Nisso, passa um vizinho, que avisa:

– Ó, dona! Não adianta tocar. Não tem ninguém aí!

– O que houve? Maria estava para parir, e eu viria ajudar no parto. Mas fiquei com a charrete atolada por causa do temporal e só agora consegui chegar e ver como estão as coisas. Ela foi para o hospital?

– Não foi não, dona. Eles sempre foram muito pobres.

– Mas existe hospital público!

– Não dava mais tempo.

– Mas deu tudo certo?

– Não, dona! Deus levou Maria para o céu.

– Não me diga! Coitada! E o bebê nasceu bem?

– Nasceu um garotinho magrelo, mas não sei dizer se vingou.

– E o marido dela... Onde está?

– Deve estar no velório. É só isso que sei. Mas, ouvi dizer que ele não vai querer a criança, porque matou a mulher dele. Não sei se é verdade, mas parece que ele quer dar o menino para alguém criar.

– Ele não tem outros filhos?

– Não, esse seria o primeiro.

– Coitado! Deve ser muito difícil passar por

uma situação assim. Mas a criança não teve culpa. Foi vontade de Deus, não é mesmo?

Dizendo isso, agradece pela informação recebida e, embora cansada pela longa viagem, vira a charrete para retornar.

O sol vai ficando alto e o calor aumentando; e ela ainda teria algumas horas a percorrer. Pelo caminho vai pensando:

– Será que aquele menino que eu socorri na casa da dona Clarinda é o filho da Maria, que o marido ia dar? Pobrezinho, órfão de mãe, agora também não terá pai! Mas, todos nós estamos subordinados à lei de causa e efeito, através da qual, colhemos o que semeamos nesta ou em outras encarnações.

E a parteira continua a pensar:

– Teria sido o pai que levou o bebê e colocou na casa da dona Clarinda? Será que ela vai aceitar e criar o bebê?

Entretanto, nesse meio tempo, dona Clarinda retorna e, encontrando as duas filhas às voltas com a criança, pergunta:

– O que está acontecendo aqui? De quem é essa criança?

– Não sabemos! – dizem as duas ao mesmo tempo.

É Aline quem explica o ocorrido.

– Pois tratem de descobrir quem foi que a colocou aqui em casa. Já criei três filhos, estou ficando velha e não pretendo criar mais ninguém. Se não descobrirem, vou entregá-la ao juiz. Como pode existir gente sem coração que tem coragem de doar os próprios filhos? Que absurdo!

– Mas, mamãe, ele é tão bonitinho! Deixe-o ficar; nós cuidaremos dele.

– Vocês? Duvido! Tenho certeza de que vai acabar sobrando para mim.

– Deixa que fique conosco, mamãe! Pelo menos até ele engordar um pouco. Está tão magrinho!

– Não, Sônia... Vai ser uma despesa a mais nesta casa. Além do mais, nem enxoval ele tem.

– Sei que nos centros espíritas algumas mulheres fazem roupinhas de bebê para doar às mães carentes. Quem sabe, conseguimos lá alguma coisa! – sugere Aline.

– Só quero ver vocês cuidando desse menino! Pensam que não vai dar trabalho? Se vocês tinham algum programa para hoje, podem esquecer e, amanhã, tratem de levá-lo a um posto de saúde para o médico examinar. Lembrem-se de que vão ter fraldas para trocar, banho para dar, mamadeira para preparar, além de aguentar o choro quando vocês quiserem dormir.

Uma olha para a outra, com um sorrisinho maroto, pois têm certeza de que a mãe acabaria concordando e se afeiçoando ao bebê.

Sem nada dizer, dona Clarinda se lembra de que será preciso registrar a criança como filho adotivo e, com os pais desconhecidos, uma ordem judicial será necessária.

– E o nome... Como vamos chamá-lo?

Após vários palpites, dona Clarinda sugere:

– Que tal homenagearmos o pai de vocês? Ele poderá se chamar Antônio...

As duas concordam e logo passam a chamá-lo de Toninho.

Com os cuidados necessários, Toninho foi crescendo e se tornando uma linda criança. Não dava qualquer trabalho e mostrava ser uma criança alegre e sadia, esperta como ela só! Com um ano, já corria pela casa e demonstrava possuir uma inteligência brilhante. Trouxe muita felicidade para aquele lar.

Mesmo sabendo ser filho adotivo, aceitava a sua situação. Tinha um carinho especial pelos animais. Era impressionante o cuidado que tinha com algum gato ou cachorro que encontrasse abandonado ou ferido. Levava-o para casa, tratava dos ferimentos com muito cuidado, qual se fora um pequeno veterinário e depois o devolvia à liberdade ou procurava um lar para ele.

Certo dia, enquanto passeava com suas irmãs, ao virar uma esquina, viu encostado num muro, todo encolhidinho, um cachorrinho muito sujo e com algumas feridas. Toninho se condoeu tanto com o estado dele, que pediu a elas que o auxiliassem a convencer a mãe a aceitá-lo, mas foi só com muita insistência que dona Clarinda concordou.

Com os cuidados recebidos, Bob se tornou um lindo e esperto cãozinho, que passou a ser a alegria daquela família.

Vários anos depois, num centro espírita que passaram a frequentar, Sônia equilibrou a sua mediunidade e Toninho veio a saber que, numa encarnação anterior, sentia prazer em judiar dos animais e que reencarnou órfão, para aprender a valorizar a vida e a amá-los. Desde pequeno, costumava dizer que quando crescesse, seria veterinário.

Hoje, doutor Antônio é um veterinário conceituado e admirado pelo grande amor que dedica a esses nossos "irmãos menores".

VOCÊ PRECISA CONHECER

O perispírito e suas modelações
Luiz Gonzaga Pinheiro
Doutrinário • 16x22,5 cm • 352 pp.

Com este trabalho o autor vai mergulhar mais fundo no fascinante oceano espiritual. Obra imperdível para conhecer sobre o perispírito, suas modelações e os reflexos das atitudes no corpo espiritual. "Uma notável contribuição para o espiritismo brasileiro", no dizer do escritor Ariovaldo Cavarzan

Getúlio Vargas em dois mundos
Wanda A. Canutti • Eça de Queirós (espírito)
Romance mediúnico • 16x22,5 cm • 344 pp.

Getúlio Vargas realmente suicidou-se? Como foi sua recepção no mundo espiritual? Qual o conteúdo da nova carta à nação, escrita após sua desencarnação? Saiba as respostas para estas e outras perguntas, agora em uma nova edição, com nova capa, novo formato e novo projeto gráfico.

A vingança do judeu
Vera Kryzhanovskaia • J. W. Rochester (espírito)
Romance mediúnico • 16x22,5 cm • 424 pp.

O clássico romance de Rochester agora pela EME, com nova tradução, retrata em cativante história de amor e ódio, os terríveis fatos causados pelos preconceitos de raça, classe social e fortuna e mostra ao leitor a influência benéfica exercida pelo espiritismo sobre a sociedade.

Não encontrando os livros da **EME** na livraria de sua preferência,
solicite o endereço de nosso distribuidor mais próximo de você através de
Fones: (19) 3491-7000 / 3491-5449
(claro) 9 9317-2800 (vivo) 9 9983-2575
E-mail: vendas@editoraeme.com.br – Site: www.editoraeme.com.br